Naiem Ahmadinejadfarsangi

Et Dieu me suffit

Naiem Ahmadinejadfarsangi

Et Dieu me suffit

Éditions Croix du Salut

Cover image: www.ingimage.com

Publisher:
Éditions Croix du Salut
is a trademark of
Dodo Books Indian Ocean Ltd. and OmniScriptum S.R.L publishing group

120 High Road, East Finchley, London, N2 9ED, United Kingdom
Str. Armeneasca 28/1, office 1, Chisinau MD-2012, Republic of Moldova, Europe
Printed at: see last page
ISBN: 978-620-3-84599-0

Et Dieu me suffit

Naiem Ahmadinejadfarsangi

Pourquoi croyons-nous qu'il existe un dieu ?

Ma réponse est que l'hypothèse de l'existence de Dieu explique fondamentalement pourquoi le monde naturel existe, pourquoi il existe des lois scientifiques, pourquoi les animaux et les humains ont la possibilité de construire leur bon ou mauvais caractère et de changer leur environnement de vie, pourquoi des millions de personnes ouvertement Ils ont fait l'expérience d'avoir été guidés par Dieu. En fait, l'hypothèse de l'existence de Dieu donne un sens à nos expériences et le fait mieux que toute autre explication. C'est parce que la croyance en Dieu est vraie.

Table of Contents

Introduction :

A quoi mène la foi ? Quand il y a la foi, il y a l'espoir Quand il y a de l'espoir, il y a des possibilités Quand il y a des possibilités, il y a du succès Quand il y a du succès, il y a de la richesse Mais quand il y a la richesse, il y a la cupidité Quand il y a cupidité, il y a mal Quand il y a le mal, il y a l'enfer Quand il y a l'enfer, il y a la souffrance Quand il y a souffrance, il y a prière Quand il y a la prière, il y a Dieu Et quand Dieu existe, la vie est éternelle.

D'abord

Les larmes coulent sur mes pommettes et
mordent mes lèvres douces pour ne pas crier

Mon cœur est transpercé par l'acuité de la haine
et de la jalousie

je me couche sur le sol

Mes larmes remplissent un étang à côté de ma
tombe

je ferme mes yeux

Comme un enfant perdu à la recherche d'un rêve

je souhaite désespérément

Je te sens et te cherche

Je regarde le ciel et crie ton nom en silence

Je sens ton absence et j'attends un signe de ta part

Mon cœur bat et je suis émerveillé

Il reste encore de la vie dans mon corps

Des milliers de pensées attaquent mon esprit

Ils dansent comme un danseur tout le temps

Ils ne se reposent pas et je ne me repose pas

Ils viennent, me provoquent, disparaissent et sont à nouveau remplacés

Ils continuent de m'engourdir à nouveau

Et enfin en silence

Je te désire à nouveau

Je cherche ton nom entre vers et rimes

Je te désire et je te veux

Je suis perdu, abandonné, oublié

Je pense à toi et regarde un monde tolérable

Mais ton absence fait du chahut dans mon âme,
mon Seigneur.

Deuxième

J'attends que le lever du soleil dissipe lentement l'obscurité

L'air frais caresse mon visage

J'entends le joyeux chant des oiseaux

Un moment pour réfléchir

Un moment de joie

Un moment d'espoir

Les gouttes de pluie tombent comme mes larmes pour nourrir la semence de mes misères

Et le soleil est quelque chose comme le bonheur qui nourrit mes frustrations

Je laisse le vent porter ma tristesse

Je laisse la pluie s'estomper avec mes larmes

Je laisse le soleil brûler mes peines

Je laisse mes rêves briller comme des étoiles

Je laisse couler la vie

Et j'entendrai la voix des anges appelant mon nom vers les terres de la vie éternelle.

Troisième

Le vent hurle ma solitude

La pluie tenace bat ses coups sur la fenêtre de ma chambre

Les minutes passent en succession monotone

Les pétales de tes espoirs se vident

L'amertume du café détruit mes rêves

Une larme est tombée sur mes joues malades et a glissé

La tristesse a envahi mon âme

Une personne triste me chuchote et soupire fortement

Le vent siffle et pleure

J'éteindrai la flamme de la douleur avec des larmes et je joindrai mes paumes dans une prière silencieuse.

O Seigneur, je veux m'accorder la douceur de ta présence.

Quatrième

j'attends la pluie

Je pense que le temps pluvieux effacera tous mes rêves de mon cœur

Mes rêves sont devenus impossibles et ils pleurent doucement au fur et à mesure

Je ne vois pas de raison de sourire et ce sont les traces de la solitude

Je sens une larme sur ma joue

Une larme est tombée et la seconde et le ciel qui m'a vu ont envoyé de la pluie sur le sol et ont supplié pour que mes larmes ne coulent pas.

Mais le tonnerre brille dans le coeur

Les nuages deviennent noirs à John

La pluie s'est arrêtée

Tous les nuages semblent avoir disparu

Le soleil a brillé de mille feux

Une chanson est chantée au milieu du vent très cool et calme

Alors pourquoi est-ce que je ressens une si grande déception?

O Seigneur, pourquoi mes yeux sont-ils pleins de tristesse et de larmes?

Je prie fort en espérant entendre à nouveau sa douce voix

Seigneur, laisse ta lumière glorieuse entrer dans ma vie

Son amour doux et indulgent coulait comme une rivière

Mon âme s'est réveillée et a su qu'il avait toujours été à mes côtés

D'où j'ai entendu une voix et elle a dit

N'oubliez pas que je suis toujours à vos côtés.

le cinquième

Je suis assis ici dans le noir et je vis seul

Avec des chambres qui résonnent parfois de rires

Et il attire beaucoup de larmes de tristesse, de douleur, de souffrance et de colère

Les larmes que j'ai versées en silence sur le bord des routes sombres

Cherchant les escaliers pour lâcher prise

Cette éternelle solitude

Et je ressens complètement la tristesse

Pour la douleur du passé et les regards fugaces qui s'enfoncent parfois dans mon âme tendue

La vie n'était pas ce que je croyais

La tristesse que je trouve maintenant est si proche de moi que parfois c'est mon réconfort, mon ami et tout ce que je peux voir.

Mon chemin à travers la vie était rude et solitaire

Même si j'ai essayé de trouver le bonheur et la paix

La vie quotidienne avec une honte éternelle

Avec un regret éternel

avec une douleur éternelle

Que puis-je faire

De la douleur qui transforme mon âme en charbon noir et noir

Prends ma main et écoute

Regarde comment mon cœur se brise dans ma poitrine

Les anges chantent pour moi reste et les démons crient vas-y

De tant de mensonges, de tant de douleur

Je ne crois plus aux anges

Ils voient tout mais se taisent

Je me sentirai heureux aujourd'hui

Aujourd'hui je meurs

Mon âme fragile s'agenouillera devant la mort pleine de joie

La mort m'embrassera, je le regarderai dans les yeux, lui seul me comprend

Les démons de la mort se rapprochent

Leurs voix dans ma tête me hantent toute la journée

Pourquoi le bonheur a-t-il toujours un jour de retard?

Le suicide est une réponse facile que j'ai essayée plusieurs fois

Le bonheur semble être les larmes que j'ai pleuré

L'espoir était une illusion

Une prévision optimiste

Les anges se préparent au combat et prennent position

Mes larmes sont maintenant un lac qui déborde de mon temps

Quand c'est court

Les heures passent lentement

C'est comme si le Dieu du monde voulait me faire souffrir

je veux pleurer

Mais c'est dommage de pleurer dans ce monde

Les gens verront, ils riront et appelleront des larmes feintes avec une calomnie méchante et un sourire insultant.

Oh comme c'était amer de vivre

Je n'ai bu que de la mousse à la coupe du bonheur

Il a interféré avec la consommation de nectar

Pourquoi ai-je l'impression que personne ne me comprend?

La folie a trouvé une demeure permanente en moi

Je suis prisonnier de mon propre cerveau

Dans mon monde il pleut pour toujours

Il n'y a pas d'échappatoire à la douleur et à la souffrance

Il n'y a nulle part où fuir ou se cacher

j'ai été condamné

Ô vie, que veux-tu de plus de moi?

Je t'ai donné tout ce que je pouvais donner

Pourquoi personne ne m'a dit que cette vie est dure

Je me crie, pourquoi moi?

Il n'y a plus d'espoir pour moi

Mais je me souviens du vieux livre de ma grand-mère

Alors je comprends

Tout espoir n'est pas perdu

Parce que c'est tout ce dont j'ai besoin

intervention divine.

le sixième

J'écris un couplet sur le bonheur au début

Mais le bonheur n'est pas surprenant

Un verset sur le chagrin sort spontanément

Presque chaque mot dedans pleure

J'ai voulu écrire sur le bonheur pour que la chanson d'amour sorte de ma plume

Mais je n'aime pas tricher la poésie

La vie est bien triste

Je ne veux pas écrire sur la tristesse mais la tristesse détruit le bonheur

Je voulais le bonheur, mais de nombreux problèmes sont survenus dans ma vie et des malheurs amers ont eu lieu

La tristesse a les yeux noirs

C'est noir comme le ciel nocturne

Les ennuis en découlent

Les larmes coulent et rendent le corps noir et malade

Vais-je tomber comme une feuille d'automne de cette profonde tristesse, de cette douloureuse tristesse?

J'ai toujours voulu être celui qui avait tout

Richesse, pouvoir et gloire

Mon cœur aspirait à une vie luxueuse

Boire, manger, être joyeux

Mais j'ai réalisé que j'avais tort

Je me suis réveillé, à quel point je vivais sans signification

Désir de choses temporaires, éphémères et sans valeur

La fierté, comme c'est simple et absurde

Désir de choses qui ne sont pas éternelles.

Le septième

Des éclairs de lumière doux et fragiles sont dispersés parmi les nuages dans ce doux coucher de soleil

Mon esprit s'élève au milieu de la beauté de l'après-midi dans une douce brise qui berce

J'aime fusionner entre les chants harmonieux des oiseaux dans les branches des arbres qui semblent chanter une chanson d'amour

Les ombres glissent et puis je regarde les étoiles

Quand je regarde la nature, quelque chose remue dans mon âme et je souhaite être avec toi dans un vol paisible

Quand je sens ces beautés, je te vois à mes côtés, ô sage créateur.

Huitième

comment croire

Quelqu'un dont je n'ai jamais vu ni entendu parler

Je me suis dit

Pourquoi devrais-je douter?

N'est-ce pas la créativité de Dieu qui a créé ce monde?

J'ai juste besoin de regarder autour de moi et de savoir qu'il est là

Je le vois, le sens et l'entends

Je le vois dans les gouttes de pluie alors qu'il nourrit les arbres et les fleurs

Je le vois dans l'arc-en-ciel qui apparaît après la pluie

Je la vois dans l'amour maternel quand elle regarde son enfant

Je le vois dans le visage ridé d'un père rentrant du travail

Je l'entends dans le chant joyeux d'un pré quand le vent souffle dans son herbe

Je l'entends quand il tonne

Je vois sa beauté dans les ailes de papillon et les plumes de paon

Je le sens dans la brise enjouée qui souffle doucement dans mes cheveux

Je vois sa puissance dans les montagnes et dans les mers toujours déferlantes

L'affection pure d'un enfant montre à quel point son amour peut être doux

Cherchez-le derrière les yeux souriants d'un enfant

Ou le sentir dans la fleur de fleurs de jasmin

Par une nuit lumineuse et étoilée au clair de lune, lorsque vous tenez la main de votre amour, tenez sa main et sentez la chaleur de ses larmes.

Il est là pour le premier cri d'un enfant et pour le dernier soupir d'un mort

Il est là quand les vagues se brisent sur le sable doré et que les mouettes volent vers les nuages blancs

Dieu ne nous atteint que de manière calme et simple

Nous ne trouverons jamais sa présence dans la violence

Son amour et sa paix nous entourent

C'est vrai que j'ai pas de photo de lui à accrocher au mur

Je n'ai pas besoin d'un portrait pour me rappeler sa présence

Il a été diffusé à travers le pays à ceux qui sont prêts à écouter

La symphonie de la vie dirigée par ses mains.

neuvième

Quand nous sommes nés sans possessions

L'amour reçu était notre seul bonus

On a vécu nos vies sans souci, sans peur dans les bras de notre mère

Mais plus nous vieillissons

Nous avons regardé et convoité et nous sommes bientôt tombés en esclavage

Plus nous avons vu, plus nous voulions

Notre soif de plus ne pouvait pas être étanchée

Plus nous collectons, plus nous voulons

Il est devenu la propriété de notre maître et maître

Et quand nous avons vieilli avec nos trésors, ils se sont tous rassemblés

Un triste exemple de ce qu'une personne avide récolte

Nos poings se serrèrent toujours fermement jusqu'à la mort, quand nos mains s'ouvrirent.

le dixième

Les feuilles frappent la vitre

Le triste après-midi continue dans un silence résolu

Je ne sais pas quel jour on est, je sais juste que les feuilles d'automne continuent de frapper le verre

Je peux remplir les océans avec les larmes que j'ai pleuré

Maintes et maintes fois ce que je pensais être la vérité s'est avéré être un mensonge

Tout s'effondre et je demande pourquoi

Je suis un oiseau aux ailes collantes

Un puits qui s'est asséché

Mais toujours rien ne se compare à la douleur
sans fin de l'indifférence

Ô gens de la ville

Qui sera un spectacle pour les aveugles

Qui sera la voix des sans-voix?

Quel cri est pour les sourds?

Qui priera pour ceux qui souffrent?

Qui d'autre que nous?

Qui sera la lumière dans ce monde sombre?

Qui se lèvera et changera le monde?

Qui d'autre que nous?

L'aveugle ne peut pas voir

Muet ne parle pas

Et il n'y aura pas de voix pour les sourds

Et il n'y aura pas de lumière dans ce monde sombre

Si non, dites-le.

Onzième

Un homme triste marche dans une ruelle déserte

L'homme était déprimé

Il a compris qu'il était laissé seul et qu'il n'était plus nécessaire

Le sang veineux ne faisait plus rage dans ses veines

plutôt, fatigué des chocs passés, il tombait

L'homme a été brûlé, il ne croyait plus en Dieu et ses yeux ne brillaient pas en prévision de grandes aventures

Cela me brise le cœur de la voir assise près du mur hurlant de douleur, puis pleurant.

Depuis, il ne croyait plus en Dieu

Il en avait marre et a commencé à questionner Dieu

Il était fatigué et malade de sa vie très étrange

Pourquoi devrait-il endurer les souffrances et les épreuves les plus longues?

Il ne savait pas que les meilleurs de Dieu étaient choisis comme les plus forts

Il n'a jamais réalisé qu'il était l'un des plus grands soldats de Dieu

Dieu l'aimait

C'était juste une expérience pour qu'il puisse continuer à grandir

Un homme maussade marche dans une ruelle abandonnée

Il n'est pas comme les autres, c'est un passant atypique

Il serre toujours sa sainte amulette dans sa main

Une amulette sacrée qui vit sous sa peau rugueuse et sanglante.

douzième

Le jour se termine, le soleil se couche

Je vais me coucher, me coucher pour me reposer

Je ferme les yeux alors que j'entre dans un autre monde

Je vois des prairies vertes, je sens le soleil, je me sens gai quand je regarde autour de moi

je continue à marcher

J'entends le rire des enfants qui jouent

Tous les visages heureux, souriants, tous en paix

J'avance pour rejoindre ce clan

Nous sommes tous réunis, peu importe la couleur ou la race

Nous voulons tous crier et louer Dieu

Pas de douleur, pas de chagrin, pas de mal

C'est mon monde, mais c'est une illusion

Quand je me suis réveillé, je me suis assis sur mon lit et je me suis souvenu de mon rêve avec tristesse et regret

Un monde sans haine ni tristesse, seulement plein d'amour

Mais soudain, j'ai vu que mon monde s'effondrait, je ne voulais pas me réveiller parce que je m'y sentais juste heureux.

Mais j'ai entendu une voix qui m'a dit d'un ton amer

Réveille-toi, pauvre rêveur, ce n'est pas ton monde, le tien est après ton réveil, là où la réalité est triste

Ces mots ont été répétés alors que mon rêve s'estompait

Déception encore

encore de la tristesse

D'un beau rêve d'automne malheureusement disparu

Impitoyablement perdu

Par une belle nuit d'automne

Et cette nuit

Mon bonheur est parti avec les étoiles.

le treizième

je marche seul dans la vie

Il n'y a pas de lumière pour moi et je suis seul

Je sais que le temps est le meilleur guérisseur

Mais maintenant nous sommes aussi ennemis

Ô mon coeur solitaire

Couvrez-vous d'une fine couche d'optimisme

Enterrez dans un endroit triste et triste et oubliez les mauvaises choses

Personne dans ce monde n'a besoin de toi

Il n'y a pas d'amour pour toi

La vie n'est que douleur

La vie est douleur

Encore une fois la dépression coule dans ma tête

Ces pensées me font penser à la mort

L'obscurité trouble mon esprit

Est-ce le jour ou la nuit?

Est-ce que les oiseaux chantent ou les chauves-souris volent?

Après avoir rendu mon dernier souffle, serai-je une ombre parmi les tombes?

Mais je sais que je n'irai pas en enfer après la mort, j'y suis déjà allé

Un endroit plein de tristesse, un endroit plein de désespoir

La nuit noire se lève sur la ville

Des pensées se sont à nouveau réveillées dans ma tête et elles me disent que mourir est bon pour la santé et les nerfs

Je m'assieds à nouveau dans le noir derrière le cahier pour apporter de la tristesse en vers

je ferme mes yeux

Je fais face à une scène désagréable

je suis debout sur un bateau

Perdu, effrayé et froid dans le besoin désespéré de terre

Quel est mon but ici?

Tous mes sens échouent

A chaque coup de vent je me déplace d'heure en heure de plus en plus impuissant

Ce travail va-t-il se poursuivre indéfiniment?

Faire une pause, réfléchir, une urgence, lever les yeux

Dans le ciel sombre de l'hiver une lumière blanche, un signe d'espoir, une colombe.

quinzième

Le blanc est une couleur, une pensée ouverte

Le blanc est une toile vierge dans une galerie d'art

Le blanc est l'espace vide entre les lignes sur une page de papier

Le blanc est un espace vide qui remplit notre vie

Avec elle, nous sommes remplis et laissés sans limites

Sans elle, nous sommes perdus dans la peau sans fin de l'oubli

Le blanc est le début de chaque fin, milieu et début

je suis blanc et je suis beau

Le noir est aussi beau que le lit de nuages blancs
laiteux dans la peinture d'un enfant innocent

Le noir est aussi beau que la douceur des
cheveux d'un nouveau-né

Le noir est aussi beau que défendre ce qui est
juste

Le noir est aussi beau que le soleil couchant

Le noir est aussi beau qu'un simple baiser sur le
front

je suis noir et je suis beau

Si nous étions tous aveugles

Peut-être pourrions-nous voir que Dieu nous a
tous créés de la même manière

Avec une belle variété

Peut-être que si nous étions tous aveugles

Ce n'était plus une guerre

Après tout, de quelle couleur est Dieu?

Est-il noir ou blanc?

Imaginez si nous étions tous aveugles

Peut-être pourrions-nous comprendre

Peu importe que nous soyons blancs ou noirs

Dieu vit dans ton cœur et le mien.

référence

-Théologie écrite par Ali Ahmed

-Qu'est-ce que Dieu écrit par Reza Ebrahimi

-Et le Dieu qui est si proche écrit par Mehdi Shamsi

- Méthodes théologiques écrites par Mohammad Talebi

Printed by Books on Demand GmbH, Norderstedt / Germany